슬픈 사랑은 나를
사랑하게 하고

이상수 지음

슬픈 사랑은 나를 사랑하게 하고

초판 1쇄 발행 2023년 2월 6일

지은이 이상수
펴낸이 장현수
펴낸곳 메이킹북스
출판등록 제 2019-000010호

디자인 박단비
편집 박단비
교정 안지은
마케팅 장윤정

주소 서울특별시 구로구 경인로 661, 핀포인트타워 912-914호
전화 02-2135-5086
팩스 02-2135-5087
이메일 making_books@naver.com
홈페이지 www.makingbooks.co.kr

ISBN 979-11-6791-315-9(03810)
값 12,000원

ⓒ 이상수 2023 Printed in Korea

잘못된 책은 구입하신 곳에서 바꾸어 드립니다.
이 책의 전부 또는 일부 내용을 재사용하려면 사전에 저작권자와 펴낸곳의 동의를 받아야 합니다.

홈페이지 바로가기

메이킹북스는 저자님의 소중한 투고 원고를 기다립니다.
출간에 대한 관심이 있으신 분은 making_books@naver.com로 보내 주세요.

슬픈 사랑은 나를
사랑하게 하고

이상수 지음

메이킹북스

프롤로그

서러운 푸념 하나 말하고
엉엉 울고 싶다
그립고, 그리웠다고…

<설날> 中

프롤로그　　　　　　　　　5

1장 엄마는 향기로 남으셨다

엄마 산	10	파랑새	27
고목	11	겨울 눈물	28
설날	12	휴게소에서	29
노을	14	바람나무	32
천년솔	16	임	33
영원	18	승리호	34
야생화(野生化)	19	엄마 다라이	36
모항바다	20	아기할머니	38
아버지의 문패	21	아버지	40
정섭이 어머니	22	어머니의 기도	42
가을 1	24	5월 8일	44
사계의 유서	26	달 바라보며	46

2장 해는 저물지 않을 거야

벗	48	빗소리	69
어울림	50	선녀탕	70
평화	51	을지로 여름밤	71
나는 친구이다	52	동행	72
직소폭포	54	가을 2	74
3중주 물소리	56	내 고향 부안	76
발자국	60	바위 산 한 그루	77
꽃사슴	62	송엽국	78
자화상	63	술	80
달그림	64	봄	82
사랑	66	내 사랑 그대여	84
차창 밖에	68	당신만이 내 사랑	86

1장

엄마는 향기로 남으셨다

엄마 산

그 새벽 거미는 부지런히도 날았다
거미줄 가리어 급한 발걸음
엄마는 항상 빨리 만나고 싶다

아침 쿠키 향과 깔아놓은 쿠키 위를
걸어가는 길

오솔길 작은 연못
울어대는 새소리

연못 물소리
굵어지는 물줄기

엄마는 오늘도 날 기다리며
음악 크게 켜고 쿠키를 굽는구나

향기롭고 부드러운
엄마 냄새
언제부터 엄마는 향기로 남으셨다

고목

한 오백 년 된 나무가 울고 있었다

나무에게 약을 바르고
반창고를 붙여줬다

나무는 웃고 좋아했다

나는 한 오백 년 옆에 있는
고목이다

설날

엊그제 기억이었나 보다
부정하고 기억 상실하고 있었다

몇 년 전 엄마는 사진으로만 남으셨다
어제도 오늘도 미안하다

오늘은 새해다
저녁이 오고 밤이 되었다

눈이 왔고 꽃도 피지만
난 그분을 생각한다
그리고 그리워하고 기다린다

5분이라도 그분을 볼 수만 있다면
모든 세상 이야기보다
서러운 내 마음 감추고

엄마가 계신 곳에서는
행복하냐고 묻고

엄마, 엄마 부르고
서러운 푸념 하나 말하고
엉엉 울고 싶다

그립고 그리웠다고…

노을

그대는 노을이 붉게 물들어 떨어지는
이유를 아는가?

동 짐 어깨 지고 일어나 밝게
떠오르고 싶은 마음을

흰 구름 먹구름 사이로
비추고 싶은 마음을

하루 종일 가리어진 마음을
온종일 비추기 위해

노을은 그렇게 불탔었나 보다

천년솔

너의 생년은 얼마냐?
엄동설한 무거운 하얀 짐
푸른 솔잎 감추고
솔가지에 무거운 천년짜리 눈짐
땅에 닿아 가는데

천년의 눈꽃이여!

참으로 장관이구나
나, 오늘 이곳에 첫 발자국 남기고
올라온 천년 산에 내려오는 길이
너무 짧아서
돌아서는 발길

멈추어보고 또 보는구나

내려오는 길이 천년 같았으면
내가 눈 속에서 뒹굴고

발이 시려도 땀이 날 텐데

우리 오늘도 하루부터 걸어보자

영원

천년 넘어 영원하리라던 소나무도,
조금날 조금 들어오던 바닷물도
걸었던 그 길도
잊힐까 두렵소

말라비틀어진 소나무
두껍게 머금은 나이도
벗겨지고 까져
먼지 되어 사라진 날

나 그대를 잊으리오

나룻배 노 저어 백발이 되고
그 바다도 마르고
노마저 없어진 날
나 그대를 잊으리오

세상 그 누구도
나를 기억하지 못할 때
나도 나를 잊으리오

야생화(野生化)

언젠가 해는 그림자로 남았다
눈을 떠도 어두운 밤
시간은 멈추지 않는다

닭도 울지 않던 그 새벽
눈 덮인 들판에
나 홀로 서 있다

바람이 불어 눈이 날려도
나는 그리 서 있다
눈 덮인 들판에
봄은 찾아오고

나는 꽃이 되었다

모항바다

달 내려앉은
달빛 밝은 바다
파도소리 부서짐 거칠다

바다 위로 빛나는 불빛들
아롱지더니
금세 내려앉은 바다 위의 운무

바다에 내린 빛나는 별빛들
별빛도 바다에 잠기고 싶다
별빛도 아름다운
모항의 불빛

나도 별빛보다도
아름답고 싶다

아버지의 문패

골목길 마주한 키 작은 집
오늘 집이
더더욱 작아 보이는 이유

눈 지붕 밑 반듯한 문패
참 다정한데
오늘 난 나란한 이름 한 분을 빼보았다

홀로 남은 어머니 이름을
크게 채워본다
눈 지붕 아래 그 문패는
그분이 있었기에 더욱 빛났었구나

아버지,
그곳에서도
지켜봐주세요

문패 위 이름 석 자는
이제 가슴에 새기어
남는다

정섭이 어머니

설날
사과 한 박스 들고
친구 정섭이 어머니
찾아뵙고 인사 나누는데,

어머니: 상수야~ 보고 싶었는데 왜 안 왔어?

나: 일이 좀 바빴어요~

어머니: 우리 정섭이는
전주에서 다닐 때는 자주 오더니
부안으로 이사와서는
이제는 안 온다

나: 가까이 있으면 더 안 찾아온다니깐요~
그놈의 시끼 제가 수협 가서 혼내 줄게요!
어머니 건강하시고 새해 복 많이 받으세요~

어머니,

오늘도
홀로 계시는 어머니~

가족이 많아도
어머니는 홀로이시다

어쩌면 명절이
한 달에 한 번 있으면 좋으련만

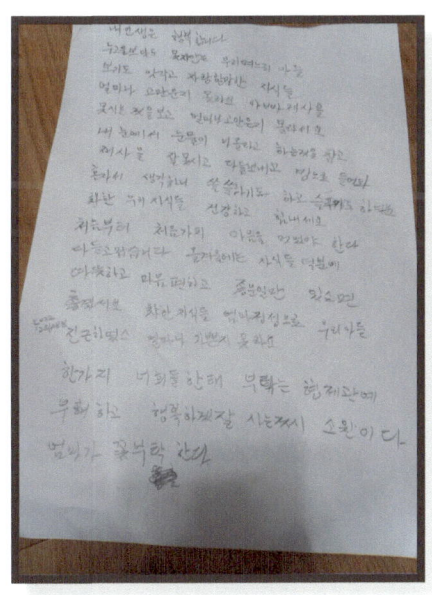

가을 1

집 뒤뜰에
낙엽이 바람에 모여들어
침대처럼 누웠다

낙엽이 쌓인 까닭도
내가 살아온 까닭도
하늘에 그려진다

사계의 유서

그 모두는 태어나고 지더라
오늘도 내일도
우리와 함께할 봄은
눈의 유서로써
피어오르고

여름은 봄꽃의 유서를
받아들며 타오르고

가을은 찬란한 태양의 유서로써
붉게 물들어가고

겨울은 핏빛 단풍의 유서로
찾아와 서리 내린 새벽에
떠오르는 봄날의
해를 바라보며
유서를 쓰기 시작한다

그 모두는 태어나고 지더라

파랑새

새만금에서 보았다던
그 놈새는
작년 재작년 이맘때도

그 나무에 새는 오지 않았다
나무는 시간 잊은 듯
잎이 피고 지었다

그해 그 가을도 파란 잎이
물들어 떨어지고
나뭇가지도 말라갔다

파랑새는 오는가?
그토록 기다렸던
파랑새 찾아오던 날

나무는 어머니가 되었고
그렇게 긴 잠이 들었다
거름이 되었다

겨울 눈물

바위에 얼어붙은
나의 눈물은
지난밤 눈물로
새우던 내 눈물이

서러워서 흐르고 흘러
고드름 되었네

그 밤 내 눈물의
의미가 있었으니

지나는 님들이여
내 맘 좀 알아주오

봄이 와 녹기 전에
꼭 알아주오

딱따구리 머리박아
소리 내어 울어주오

휴게소에서

나는 힘이 없어
눈을 뜰 수도 뜨고도 싶지 않아
이대로 얼어버리고 싶은 몸과 마음

그날 그때 그 시간
금방 온다고 어디 가지 말고
기다리라던 말
내 눈에서 멀어지는 차를 보고
나는 미친 듯이 달렸어
날 두고 가는 줄 알고

다른 차에 가려 안 보여도 달렸어
더 이상 갈 수 없어
있던 곳으로 오면서
기다려야지…

하루는 사람 구경 세상 구경
하고 있으면 오겠지
며칠이 지나도 오지 않아

배도 안 고파
그냥 마음이 아파
바닥이 더 차가워져
밤이슬도 내리고
앉아 있던 자리는
내 몸을 비추고

그래도 이 추위는 견딜 만해
내가 버려진 건지
가끔 생각이 나

그곳에서 좀 더
말 잘 듣고 물도 덜 마시고
몸 냄새도 지우고
말도 덜하고
조금씩만 움직일 걸
그럼 내가 여기에 있지 않지 않을까

전해주세요
이젠 안 그런다고
바람아 내 냄새 좀 전해주세요

나는 힘이 없어 눈을 뜰 수도 뜨고 싶지도 않아
이대로 얼어버리고 싶은 몸과 마음
그날, 그때, 그 시간…

바람나무

바람에 날려 부딪혀
빗소리로 말하다

나뭇잎 움켜 부딪혀
장대비로 말한다

강 한가운데 우두커니
다리에 서서
봄바람 소리에 말길을 멈춘다

임

멀리 가면 잊을까요
눈에 보이지 않아서 잊을까요

향기가 없어지나요
그 향기 지워지나요
해도
그림자로 왔다가
제자리로 돌아가잖아요

시간도
그 바다, 그 강물도 흐르듯
당신도 그대로일 줄 알았어요

당신도 영원할 줄 알았어요
나를 언제까지 지켜줄 것 같았어요

지금은 보고파서 꿈에서 찾습니다
엄마!

승리호

온몸이 갑옷처럼 쳐들어온다
하루 두 번씩 턱까지 차오르고
썰물처럼 빠질 때에
한숨짓는다

점점 무거워지는 것이
이제는 어쩔 수 없는 건가

밧줄도 거칠고 두텁다
나도 그때는 저 바다에서
잽싸게 물길 가르고
오색기 날리면 찬란했다

따개비에 휘감아 돌아
온몸 물에 젖어도
한때는 나도 승리호였음을
사진 한 장으로 남지만
나도 찬란한 꿈이 있었다

엄마 다라이

이른 아침 뒷동산에 올라
솔잎 모아서 담아놓고

나뭇가지들 묶어놓고
저녁이 오기를 기다려요

장에 가신 우리 엄마
무엇을 팔고 사실는지
해 질 무렵 엄마 오실 그 길을
하루 종일 기다려요

저 멀리 울 엄마
머리에 다라이 이고서
기다린 나에게 건네주신
작은 봉투 속에

색연필과 단팥빵이
지금도 생각나요

아기할머니

아장아장 걸음마 아가야
두뚱두뚱 넘어지고
고개 들고 엄마 찾는 아가야

한 걸음 두 걸음 아가야
세 다리 아가야
넘어지면 안 되는 아가야

엄마 찾아가는 아가야
엄마! 하고 우는 아가야

아버지

예전엔 이랬어요
우리 큰형
기봉

옆 마을 재석이 큰형
재봉

받들 봉奉

부모님 마음이 예전엔 이랬어요

어머니의 기도

16세 시집와서 처음 기도해본다
내가 나에게 사랑으로

30세쯤 물잔에 기도해본다
자식이 건강하기를

50세쯤 물잔 6개에 기도해본다
손가락은 똑같이 아프니까

70세쯤 빈 그릇으로 남아 있는 잔
마음에 담아서 기도했지만
나는 이제 떠나야 한다

80세쯤 나는 떠나왔지만
천년 만년 기도한다
닿지 않을지라도…
영원한 나의 기도

5월 8일

토요일 오후
늦은 아점으로
허겁지겁 밥을 챙겨먹고
바닥에 웅크리고 졸고 일어나

아무 생각 없이 발길 향한 곳
직소폭포
어쩌다 산으로 향한 걸까

투벅투벅 숨소리 차오르고
그늘 숲속으로 들어서다
익숙한 듯 마음속 임을 꺼내본다

보아도 불러도
익숙한 임
잊혀지지 않는 임
오늘 그 임과
궁금한 대화를 시작한다

엄마

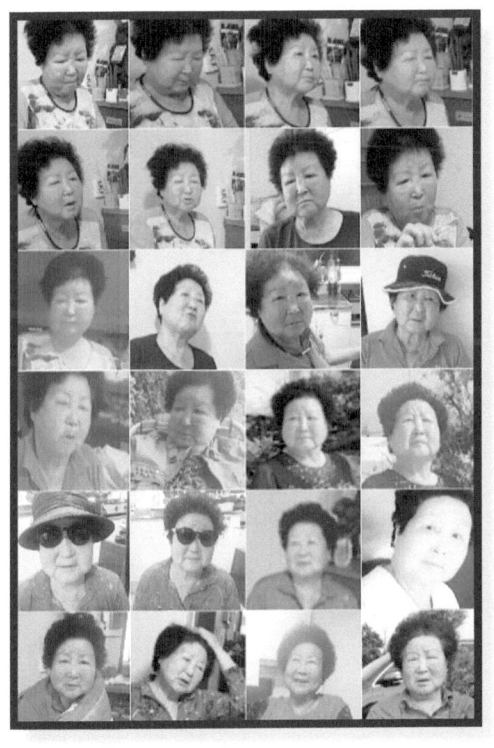

1장 엄마는 향기로 남으셨다

달 바라보며

어느 늦은 밤,
너무도 외로워
문 밖을 걷다가

전깃줄에 매달려 있는
너는 누구냐

한길 건너 가로등도
바다 멀리 등대도 아닌 널

이 밤 널 보고 걷다가 날이 새는구나
나는 어제 우리 임을 찾아서
뜬 눈으로 해를 바라보았다

꼭 올 것만 같은
나의 임을

2장

해는 저물지 않을 거야

벗

겨울 눈 덮인 산
눈길 따라가다
네 생각나더라

하늘 맞닿은 산
내려다보이는 마을

눈 덮여 옹기종기 맞닿은 집
내 벗과 옹기종기 불빛 속에서
잔 기울이고
새벽을 맞이하고 싶다

어울림

어린 나무 새순 집 지어가던 날
산기슭 녹아내리는 물소리에
귀 기울여지고
꽃이 피고 새 울던 날
함께하고 싶다

친구 하나쯤 같이 하면
행복이 더하겠지

해질 무렵 분주히 움직이고
이유 있는 저녁거리가
미소 짓는 달빛

평화

물소리 작은 폭포에서
잠시 머문다

물결 밀려 속 보이는
에메랄드

투명한 연못은
자연의 마음

내 마음도 정화되는
검이 없는 평화

나는 친구이다

가난이 싫었던 내 삶은
이제는 남부럽지 않지만
친구가 그립구나

내 형편을 아는지 적당히
기죽이지 않고
계산해주던 친구

가끔은 먼저 전화해 안부를 물으며
만남을 기약하던 친구

내 이야기 많이 들어주고
술이 취해도 웃어주며
다음 날 적당히 핀잔도 주더라

복국에 속 풀며 소주 기울이고
추억을 이야기하던 친구

나는 친구이다

2장 해는 저물지 않을 거야

직소폭포

산기슭 모든 근심 걱정
기쁨 슬픔
선배님의 외로움

너와 나의 희망
모두모두 모인 강줄기

그래 높은 하늘 바위에서
떨어지는 새하얀 부서짐이
누가 폭풍 같은 폭포로 보지 않을 수 있을까?

아! 직소폭포
너는
우리의 모든 것을 비워버리는구나!

3중주 물소리

물소리가 3중주 합창 소리로 나고
어디서 시작됐는지 궁금했다

작은 물소리는 조약돌 사이에서
나는지 귀 기울여보았다

작은 바위 옆에 틀어진 돌 틈 사이
소리에 보이지 않았다
흐르는 물소리는
뚜릉릉 뺑르르르
힘차게 내려가

바위에 부딪혀
똘똘 또르르
소리를 내고

이미 지나온 저 위 틀어진
바위 틈 소리,
조약돌 소리,

똘르르르, 뚜르릉
합창을 내며
내 귀는 3개가 되었다

이렇게 아름다운 물들은
각자의 소리 내며
어디든 흘러간다
어디에 그토록 가고 싶었을까

어디쯤 내려온 물소리는
큰 폭포 위에 떨어지기
무서운지 소리 죽여 머물러
서로 뭉친 물소리는
폭포로 떨어져
천둥소리로 치며 깨져갔다

와~ 시원하다

다시 모인 물소리는 큰 웅덩이에서
잠시 쉬고 다음 물소리를 준비한다

물소리 따라 흐르는 동안
나도 그들도 흘러갔다

인생도 물소리 따라 흘러갔다

발자국

한 이틀 내려놓은 눈길
당신과 나 그리고 강아지

뽀드득 뽀드득 소리가
즐거워 더 힘차게 밟아본다

내 발자국 당신 발자국
그리고 도장 찍은
강아지 발 도장

오르고 올라 어디쯤 왔는지
뽀드득 뽀드득 소리에 성큼 올라온 산
내려다보이는 하이얀 마을 집
날뛰는 강아지

내려오는 눈길!

올라가던 내 발자국 바라보며
아직도 발자국 그대로인데

내 발자국 사라질까 봐
눈에 담고 또 담아본다

내일쯤 없어질 우리 발자국이
그리워서 사진도 찍어본다

여보, 우리 영원히 지워지지 않을
발자국을 가슴에 찍어봅시다

인생이 뭐 대단한가
다 발자국 아니겠소

꽃사슴

눈망울 크고 귀도 쫑긋한
작은 연못에 서서
비치는 너는 누구냐?

너는 똑 닮은 친구를 보는구나
나는 너같이 친구가 보고 싶다

나는 언젠가부터 연못에
친구가 비치지 않아서
오늘도 보고 싶어 찾아 나서는데
눈 크고 귀 쫑긋한 너는 참 바르구나

나도 너와 같이 살고 싶다

자화상

내가 나를 알아버린 날
내가 기쁠까 괴로울까?

내가 지금 와있는 길을
남아 있는 길을 알아버리면
기쁠까 괴로울까?

나를 더 알고 싶다고 생각할까?

궁금할 때는 흰 도화지에
나를 그려 봐

기쁨과 괴로움도 함께
나는 다시 태어나도
기쁠까 괴로울까

같이 그려 봐

인생은 아마도 그럴 거야

달그림

달이 밝게 떴습니다
달이 바다에 잠기고
물결이 빛나는군요

당신도 달을 보고 있겠지요

모레쯤 당신과 달을 볼 수 있을지요?

내일이 모레였으면 좋겠어요…

사랑

사랑하면 좋아요
미움이나 질투도 없어요

사랑하면 행복해
항상 웃음이 가득해요

사랑하면 내일이 기다려요

오늘보다 내일이 빨리 오기를 기다려요
내일은 더 사랑하고 싶거든요

그래서 늘 웃어요

차창 밖에

사람에 흔들리고
날리는 빗소리

천장에 부딪히고
바람결에 흔들린다

크고 작은 색다른 우산
님들 손에 높이높이 나는 우산

비는 바람결에 흔들린다
분주히 걸어가는 님
종종걸음 피하는 님
어깨 짐으로 기울어진 우리 님
양손 가득 사랑 담아 나르는 님

우리 모두 비바람과 함께 있군요

비바람에 우울해지지 마세요
내일 밝고 높은 하늘은
우리들 거예요

빗소리

한여름 장독대에 떨어져
흙탕에 나는 소리

갈댓잎에 떨어져 풀 속으로 스미는 소리
칡순잎에 떨어져 부서지는 소리

처마 밑 천막에 떨어져 흐르는 소리
천장 지붕에 부딪혀 서까래 타고 내리는 소리

요란히 내리는 비는 앞바다에 서 있다
귀 뒤로 산비탈에서 흐르는 빗소리가
연주하는 어느 여름날,

비는 내 마음을 아는지 아름답게 내리는데
나는 이렇게 커지는 연주 소리에
사랑을 노래한다

어디쯤 다 온 것 같은 나의 운명 같은 사랑이
빗소리와 함께
왈츠를 출 테니까

선녀탕

이쪽으로 가면 선녀탕이야
가보시죠!
근데 선녀는 없어
하하하
그 언젠가는 선녀가 있었을 것 같은데
기대는 항상 해보는지
자꾸 뒤돌아보는지

을지로 여름밤

겨울이 지나지 않을 것 같은
어느 겨울 두터운 얼음덩어리

뜨거운 볕을 받았지만
두터운 얼음은 안쪽 깊은 곳에서
녹더라

나는 겨울 어느 따스한 햇볕보다는
더 뜨거운 가슴이었나 보다

봄은 찾아오고 화려한 꽃이 되어
내 마음 흔들어도
이 더운 오뉴월에
시원한 밤바람은
마음 벅차오른다

그녀도 이 마음에
한 숟가락 더하는
덥고 시원한
여름밤

동행

바다야 너는 하늘과 같이 맞닿아 있지만
너는 바다고
하늘은 하늘이구나

멀리 보이는 수평선 위 같이 있어도
서로 다르듯이
함께 있어도 같이 할 수 없는 것이
어디 너와 나뿐이겠는가
나는 수평선이 없는
너와 나를 찾아서

오늘도 산에 오른다

2장 해는 저물지 않을 거야

가을 2

그대는 가을인가 보다
고요하고 잔잔하고
밤 깊던 것이

달도 빛나게 바다에
내려앉는 것이
참 이쁘다

그대는 가을인가 보다
고요하던 밤도
잔잔한 바다도
거친 것이
내가 알고 있던 것이
아니었는지

달도 구름 가려
마음 애타게 하는 그대가
지금 보고 싶다

가을 돝은
솟대같이
함께 서고 싶다

내 고향 부안

하늘아 땅아
아름다운 산아
노을 붉게 물들어 떨어지고
밝은 달이 바다에 잠겨
반짝이는 곳

솔바람소리 갈매기 울음소리
소쩍새도 산에서 울어주던 곳
정답고 정겨워서
담벼락도 자리 없고

나의 님과 벗이 함께하는
내가 태어나고 자고 갈 곳
내 고향 부안

바위 산 한 그루

절벽 낭떠러지
먼지도 서 있지 못한다는 그곳

바람도 불어 밀려
부서진다는 그곳

나도 그곳에 바람으로
먼지로 아슬아슬 서 있다

부는 바람 온몸 막으며
바위에 달라붙어
뿌리내려 살고프다

바위 한 자락 바람 한 곳에
먼지로 아슬아슬 살았지만
아~ 멀리서 날 바라본다
누구도 만질 수 없는
한 폭의 절경 속에
세상을 가졌었구나

산을 가졌구나

송엽국

따스한 해를 먹고 피는 꽃
저녁이면 활짝 핀 꽃 감추고
생명을 지켜내는 꽃

해가 지지 않기를
저녁이 오지 않기를
바라는 꽃

꽃 피운 대로 살고 싶은 꽃
해와 함께 지고 싶은 꽃

얘들아 저녁이야
이제 잘 시간이야

걱정 마
눈 뜨면 해는 저물지 않을 거야
잘 자~
아가들아

술

벗과 함께
임과 함께
지금도 너와 함께
기쁜 술과 함께 하고프다
슬픔 크게 밀려와서 술
가족의 슬픔으로도 술
이별을 하면서도 술
지나고 지나면 술 한 잔만 못한 것
술로는 이겨내지 말 것을

좋은 술은 좋은 대로
슬픈 술은 슬픈 대로
기쁜 술도 기쁜 대로

술처럼 나이도 시간도 익어가고
더 잘났다고 더 가졌다고
더 출세했다고 이런들
노년에 허리 펴고
술 한잔 못한다면

행복할 수 있겠는가?

인생의 꽃은 만남이고
노년의 꽃은 건강이라지

술을 남겨야 인생이 남으리

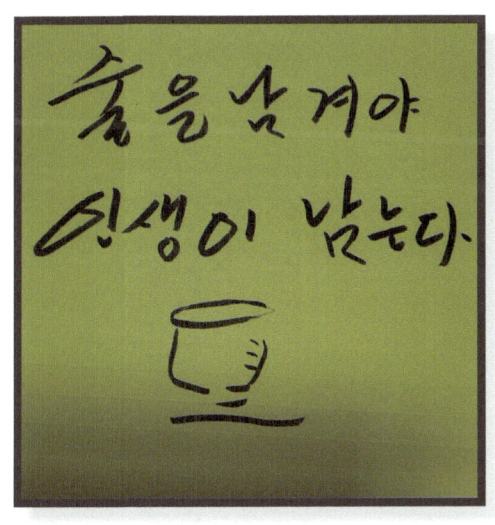

봄

집 앞에 매화 붉게 피고
이어 벚꽃이 피울 쯤
바닥 가까이 수선화도 고개 들고

쑥도 자잘하게 싹틀 때
도다리도 생각난다

서해 갯벌 피해서 모래 속에서
쭈꾸미 밥알 품고 힘차다

벚꽃 바람결 타고 눈 날리고
향기 잊혀질 때

갑오징어 진한 먹물 머금고
우린 서로 새까매진 이 보고
서로 웃는다

이맘쯤이면 봄이 오는 소리로
봄이 가는 소리로

이렇게 봄은 향기로 향수로
처녀같이 첫사랑처럼
또 찾아오겠지

아 봄~~
봄처럼 살고 싶다

내 사랑 그대여

당신,
당신이란 사람
과거로 나를 돌려보내고
주름져 가던 심장
다시 숨 쉬게 하고
꿈을 꾸게 하는군요

당신이 나에게 있음은
하느님도 모를지 몰라

내가 감히
하느님 맘도
훔치는군요

오늘도
내일도
사랑합니다
내 사랑 그대여

" 내사랑 그대여

당신 당신이란 사람
과거로 나를 돌려 보내고
죽음께 가련함 다시숨쉬고
꿈을꾸게 하는것도
당신이 나에게 있는것
하느님도 모르지 몰라
내가 감히 하느님 맘도
훔치는 군도
오늘도 내일도 사랑 합니다
내사랑 그대여.

당신만이 내 사랑

어두운 밤
당신만이 내 사랑
어두운 밤길을 걸어도
당신이 있어 길이 보입니다

추운 겨울도 한 줌의 쌀로 겨울을 이겨냈어요
당신만이 내 사랑
비바람 몰아치고 빗속에 빠져도
춥지 않았던 것은 당신이 있어서입니다

당신이 웃어줄 미소를 생각하면
절뚝거리는 한쪽 무릎으로
한 발 곡예를 하며 산을 내려와도
즐겁기만 합니다

당신이 어루만져 줄
내 무릎이 행복해보여요

당신의 미소가
당신의 얼굴이